Der Kleine Prinz

Glück

arsEdition

Wenn du das Wort **Glück** begreifen willst,

musst du es als Lohn
und nicht als Ziel verstehen,
denn sonst hat es keine Bedeutung.

Die Stadt in der Wüste

Ein Lächeln ist oft das Wesentliche. Man wird mit einem Lächeln bezahlt. Man wird mit einem Lächeln belohnt. Man wird durch ein Lächeln belebt.

Bekenntnis einer Freundschaft

Das, worauf es im Leben ankommt,
können wir nicht voraussehen.
Die schönste Freude
erlebt man immer da, wo man sie
am wenigsten erwartet.

Wind, Sand und Sterne

Denn die Arme der **Liebe**
halten dich gut, sie halten
deine Gegenwart, deine
Vergangenheit, deine
Zukunft, die Arme der Liebe
umfassen dich ganz …

SÜDKURIER

Wenn du, mein Freund, etwas
voller Liebe von mir empfängst, so
ist es, als wenn du den Botschafter
meines inneren Reiches willkommen
hießest! Und du behandelst ihn
freundlich und bittest ihn,
sich zu setzen, und hörst ihn an.
Und so sind wir glücklich.

Bekenntnis einer Freundschaft

Mein Freund hat seinen
eigenen Gesichtspunkt. (...)
Er kann schweigen und mich
immer noch glücklich machen.
Ich betrachte dann die Welt auf
seine Weise und sehe sie anders.

Bekenntnis einer Freundschaft

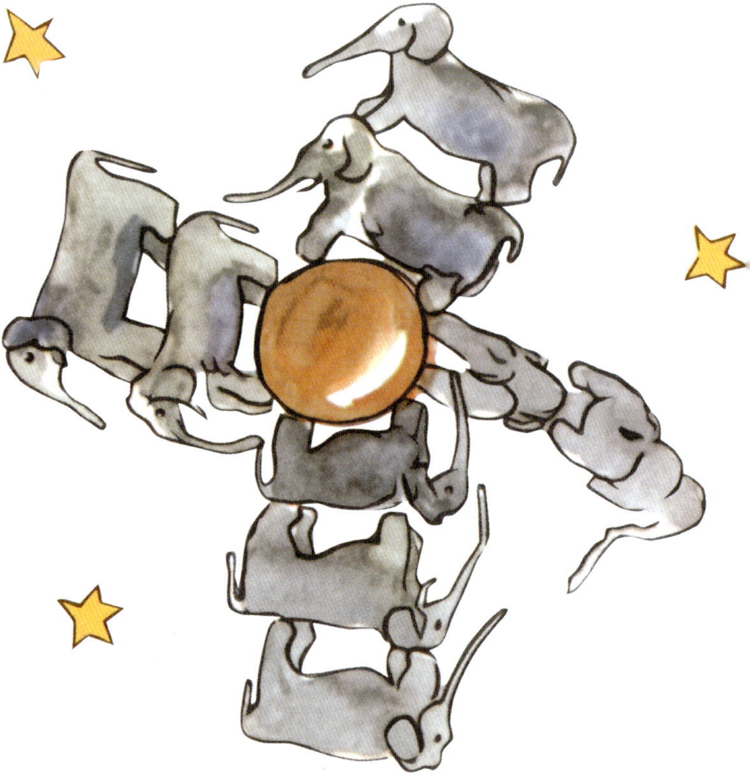

Wenn uns ein außerhalb
unseres Ichs liegendes
gemeinsames Ziel
mit anderen Menschen
brüderlich verbindet,
dann allein atmen wir frei.

WIND, SAND UND STERNE

Der Mensch ist nichts
als ein Bündel von
Beziehungen. Die Beziehungen
allein zählen für den
Menschen.

FLUG NACH ARRAS

Und dennoch durfte ich ent-
decken, wie reich an Träumen
ich war. Sie kamen zu mir,
lautlos wie das Wasser einer

Quelle, sodass ich zuerst das Glücksgefühl nicht zu deuten wusste, das mich durchdrang.

Wind, Sand und Sterne

Wie wenig Lärm machen
die wirklichen Wunder!
Wie einfach sind die
wesentlichen Ereignisse.

Bekenntnis einer Freundschaft

Ich bin ganz Wachsamkeit, wie auf hoher See.

Nicht Geduld, denn es handelt sich nicht um
ein Ziel; der Weg ist es, der die Freude gebiert.

Die Stadt in der Wüste

Was anderen **gelungen** ist, wirst du auch bewältigen!

WIND, SAND UND STERNE

Der Nachtflug mit seinen hunderttausend Sternen, die lichte Heiterkeit, das herrliche Gefühl einiger Stunden lassen sich für Geld nicht kaufen.

WIND, SAND UND STERNE

… damit ein Blütentraum
entstehen kann, muss zunächst
ein Baum da sein, und damit
ein Mensch glücklich sein kann,
muss er zunächst Mensch sein.

Die Stadt in der Wüste

»Hier ist mein Geheimnis.
Es ist ganz einfach:
Man sieht nur mit dem Herzen
gut. Das Wesentliche ist
für die Augen unsichtbar.«

Der Kleine Prinz

Und ich lege keinen Wert
darauf, die Formeln,
die das Glück umschreiben,
miteinander zu vergleichen.
Das Leben ist das,
was es ist.

DIE STADT IN DER WÜSTE

Wenn wir das Wesentliche
erkennen wollen, müssen wir
für einen Augenblick
alle Trennungen vergessen.

DIE STADT IN DER WÜSTE

… wichtig allein ist die Weite der Seele – der Seele mit ihren Wettern, ihren Bergen, ihren Einöden des Schweigens, ihren Schneeschmelzen, ihren Blumenhängen, ihren schlafenden Wassern: All das ist eine unsichtbare und erhabene Bürgschaft. Und auf ihr beruht dein **Glück** und du kannst dich nicht mehr davon trennen.

Die Stadt in der Wüste

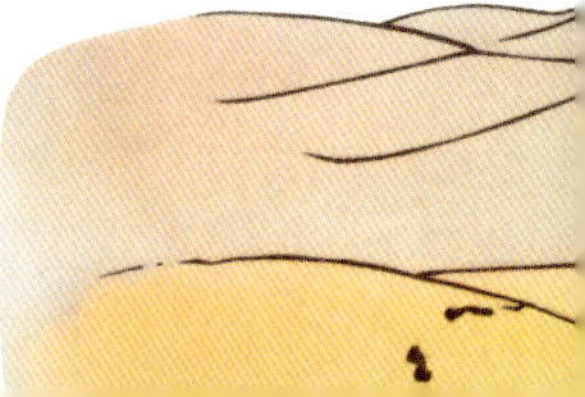

Ich fühlte das Bedürfnis, diejenigen,
deren ich zu meiner Orientierung
bedurfte, fester und dauerhafter
zu empfinden als mich selbst.
Um zu wissen, wohin ich
zurückkehre. Um zu leben.

Bekenntnis einer Freundschaft

Die wahre Freude
ist die Freude
am andern.

Bekenntnis einer Freundschaft

»Du wirst immer
mein Freund sein.
Du wirst Lust haben,
mit mir zu lachen.«

Der Kleine Prinz

Du kennst nicht die Stunde
des Besuches, aber du musst
wissen, dass er allein
in der Welt die Macht hat,
dich mit **Glück** zu erfüllen.

Die Stadt in der Wüste

Versuche,
glücklich
zu sein ...

Der Kleine Prinz

Le Petit Prince®

Layout: Eva Schindler, Ebersberg
Printed by Tien Wah Press
ISBN 978-3-8458-1252-6

www.arsedition.de

FSC
www.fsc.org
MIX
Papier aus verantwortungsvollen Quellen
FSC® C012700